ようこそ、歴史秘話ヒストリアへ

この本は、NHK番組「歴史秘話ヒストリア」の内容をもとに編集してあります。
番組では、歴史上の人物が何に悩み、悲しみ、よろこんだのかといった、これまでとはちがった角度から、歴史の秘話がひもとかれていきます。
歴史という大河のひとしずく～秘話～によって、つぎつぎと明らかにされる新しい歴史のすがたをお楽しみください。

「ヒストリア（historia）」とは、古代ギリシャ語などにある言葉で、歴史を意味する英語「ヒストリー（history）」のもととなった言葉です。

目次

古代日本　愛のチカラ
～よみがえる 持統天皇の都～　　4

- Episode 1　大海人とサララ　最強夫婦 誕生！ ……… 4
- Episode 2　夫の遺志は私が継ぐ！ ……… 6
- Episode 3　永遠に… ……… 8

悪女の涙が日本を救った⁉
～日野富子 足利将軍家の妻、母～　　10

- Episode 1　将軍家は女の修羅場！　若き新妻の戦い ……… 10
- Episode 2　"我が子を将軍に！"の執念　悪女伝説の誕生 ……… 12
- Episode 3　一家離散の危機！　ゴッドマザーの涙 ……… 14

それでも、私は前を向く
～おんな城主・井伊直虎 愛と悲劇のヒロイン～ 16

- Episode 1　お嬢様が戦国武将⁉　井伊直虎 苦難の歩み ……… 16
- Episode 2　政治手腕は戦国一⁉　おんな城主・直虎 ……………… 18
- Episode 3　どん底からの大逆転！ ……………………………………… 20

戦国女BOSSがゆく
～ツンデレ城主・誾千代＆戦う女たち～ 22

- Episode 1　誕生　戦国最強の女城主 ………………………………… 22
- Episode 2　登場！　知略の女BOSS …………………………………… 24
- Episode 3　誾千代と宗茂　別れと絆の物語 ………………………… 26

幕府崩壊！ 嵐の中の愛
～幕末ヒロイン 天璋院・篤姫の真実～ 28

- Episode 1　薩摩おごじょ篤姫　嫁入り騒動記 ……………………… 28
- Episode 2　次期将軍は誰か⁉　新妻・篤姫の苦悩 ………………… 30
- Episode 3　徳川崩壊への10日間　命をかけた篤姫の決意 ……… 32

漱石先生と妻と猫
～「吾輩は猫である」誕生秘話～ 34

- Episode 1　正反対の夫と妻 ……………………………………………… 34
- Episode 2　夫婦の危機　そのとき妻は… …………………………… 36
- Episode 3　幸せを呼んだ猫 ……………………………………………… 38

古代日本　愛のチカラ
～よみがえる持統天皇の都～

藤原京のあった場所は、藤原宮跡（奈良県橿原市）として国の特別史跡になっている。

Episode.1　大海人とサララ　最強夫婦 誕生！

　持統天皇──幼少時の名前、鸕野讃良皇女。その波乱にみちた生涯は、かつての都、飛鳥京（奈良県明日香村）でおきた、ひとつの大事件とともに幕をあけます。

　645年、飛鳥京でおこなわれていたある儀式のさなか、とつじょ、朝廷の実力者、蘇我入鹿が暗殺されます。実行者は中大兄皇子。中大兄がクーデターで政治の実権をにぎったこの年に、讃良は、その娘として生をうけます。

　讃良にとって、父の中大兄は、およそ親しみを感じる存在ではなかったようです。自分に歯むかう者は親族であっても容赦なく粛正する人物でした。一族を殺された讃良の母は、ショックのあまり病死してしまいます。

　讃良は13歳になると、父に結婚を命じられます。相手は大海人皇子。中大兄の弟で、讃良にとっては叔父にあたる人物です。一族の結束をかためるための政略結婚でした。

　672年、讃良が26歳のとき、父が亡くなり、後継者争いの内乱がおこります。「壬申の乱」です。主役は讃良の夫、大海人。挙兵した当初、大海人の軍勢は苦戦をしますが、あるできごとをきっかけに形勢が大きくかわります。大海人が戦勝祈願のために伊勢神宮で祈りはじめたとき、伊勢神宮の神、天照大神が讃良の体に降臨したというのです。神の加護を得たことで、周辺の豪族たちがつぎつぎに味方となり、みごと勝利をつかみました。

　673年、大海人は、飛鳥京で天武天皇として即位します。このとき、大海人は妻の讃良を共同統治者とすることを決断しました。しかし、ふたりには大きな困難が立ちはだかっていました。当時、大陸では唐が台頭し、倭国（日本）と友好関係にあった百済、さらには

持統天皇 (645〜702年／飛鳥時代)

■ プロフィール

天智天皇（中大兄皇子）の第2皇女。母は蘇我遠智娘。幼名は鸕野讃良。大海人皇子（のちの天武天皇）と結婚し、672年の壬申の乱のあと、皇后となる。686年、天武天皇の死後、天皇とはならないまま政務をとったが、689年に草壁皇子が病死すると、飛鳥京で即位した。在位は690〜697年。律令制の整備や藤原京の建設をすすめ、694年に遷都した。697年、文武天皇に皇位をゆずったあと、太上天皇（上皇）として政務を補佐している。

持統天皇

7世紀中ごろの東アジア
高句麗／新羅／百済／唐（中国）／倭国（日本）
白村江の戦い 663年

高句麗などが攻めほろぼされていました。唐に対抗するためには、国力を高めなければいけない。そう考えた讃良たち夫婦が最初に着手したのは、新たな首都の建設でした。

676年、夫婦は唐の都、長安のような、当時、世界最大の都市を目ざして、飛鳥京の北西に新たな都の建設をはじめました。さらに、官僚たちの衣服を唐風に一新。貨幣を大量に鋳造しました。日本最古の貨幣、富本銭です。さらに、それまで「大王」あるいは「大王」とよばれていた名称を、唐の「皇帝」に対抗して、天の中心を意味する「天皇（すめらみこと）」にあらためたと考えられています。倭国についての歴史書の編纂もはじめました。歴史書は、唐などの外国にむけて、倭国が固有の歴史をもつ独立国だと主張するための手段のひとつでした。

大海人が天武天皇として即位してから7年後、讃良は、原因不明の高熱におそわれ、生死の境をさまよいます。天武天皇は、愛する讃良のために薬師寺を建立しました。天武天皇の祈願のかいあってか、讃良は回復しますが、その6年後、夫の天武天皇が病にたおれ、帰らぬ人となってしまったのです。

690年、讃良は、みずから持統天皇として即位します。こうして、持統天皇が歴史の表舞台に登場したのです。

左は倭国の伝統的な服装、右は新しく導入された唐風の服装。【イメージ画像】

飛鳥池工房遺跡（奈良県明日香村　奈良県立万葉文化館内）。
下は、ここで製造された日本最古の通貨「富本銭」。

画像提供：奈良文化財研究所

Episode.2 夫の遺志は私が継ぐ！

　690年、持統天皇は即位すると、亡き夫が生前思いえがき、いまだ完成を見ていなかった大事業を引きつぎます。それは、新しい都の建設です。それまで都としていた飛鳥京は、山にかこまれた小さな盆地にありました。宮殿と一族の住まいで土地はいっぱい。これ以上の発展はのぞめません。国力を高めるためには、より大きな都が必要でした。都の建設は費用がかかりすぎると、反対の声もあがっていましたが、持統天皇は、夫の遺志を実現するためにおしきります。各地からぼう大な人と資材が集められ、急ピッチで都の建設がすすめられました。

　694年、ついに持統天皇は新たな都、藤原京を完成させます。夫が亡くなってから8年後のことでした。

　持統天皇がきずいた藤原京の姿を見ていきましょう。天皇の宮殿、大極殿は、正面の幅45メートル、奥行き21メートル、高さ推定25メートル。古代日本で最大級の建物です。大極殿の前には、広大な空間が広がっています。東西240メートル、南北600メートル、東京ドーム3つぶんの広さです。朝堂院という国の正式な儀礼空間で、持統天皇はここで朝礼をおこない、出勤してきた官僚たちに命令をくだしました。そして、この場所の東西には、官僚たちがつとめる官庁街が広がっています。東西南北5.3キロ四方の藤原京。それは、のちの時代の平城京や平安京をも上まわる大都市でした。

藤原宮跡。木がはえているところは、藤原京の巨大な建物、大極殿の基礎のあと。

上は藤原京の全体図、左は大極殿（藤原京CG再現プロジェクト／奈良産業大学〔現在は奈良学園大学〕・橿原市）。

倭国は、663年の白村江の戦いで唐と新羅の連合軍に大敗を喫し、その後、遣唐使は中断されていました。倭国と唐は、30年以上にわたり国交断絶の状態だったのです。唐からの情報がないなかで、持統天皇は過去の書物などを研究して、藤原京をつくりあげたと考えられています。中国の古典のひとつ、「周礼」には、紀元前1000年の古代王朝が理想とした都の形が記されています。都の大きさは九里四方。藤原京とほぼおなじ大きさです。

道路の遺跡

総延長6300km

上は全国にのびている道路の遺跡をあらわしている。左は東山道支路跡（群馬県安中市）、右は西海道肥前路跡（佐賀県吉野ヶ里町）。

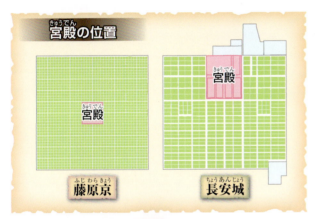

宮殿の位置

藤原京　長安城

藤原京は長安をモデルにしているが、宮殿の位置はまったくちがう。左の「周礼」には都の理想形が記されている。

藤原京の大極殿から500メートルほどはなれたところに、20メートルの幅の道の跡があります。藤原京のメインストリート、朱雀大路です。近年の調査で、こうした巨大道路は、都だけではなく、全国におよんでいたことがわかってきました。

群馬県安中市では、持統天皇が生きた飛鳥時代の地層から、直線道路の痕跡が発見されました。道路の幅は12メートルもあります。

道路の遺跡は、この周辺でいくつも発見されていて、それらを結ぶと、30キロ以上にもわたる直線の道路だったことがわかります。

さらに、九州の吉野ヶ里遺跡の近くからも巨大道路が発掘されています。西海道肥前路跡です。小さな丘なら、ちゅうちょなく切りくずし、あくまで一直線に道路をとおしていたようです。

全国から発見された道路の遺跡は東北地方から九州まであり、総延長は6300キロ。その起点はすべて藤原京なのです。

全国に広がる巨大道路網によって、たとえ敵国が攻めてきたとしても、すばやく対応することが可能になりました。いそぎの使者は、駅鈴とよばれる鈴を鳴らし、道路を走りぬけます。九州から都まで、最短5日間で結ぶことが可能になったのです。

藤原京が完成した翌年、持統天皇は、周辺諸国の使節もまねいて、大極殿で壮大な式典をもよおしました。

Episode.3 永遠に…

夫の天武天皇と妻の持統天皇が眠る天武・持統天皇陵（奈良県明日香村）。

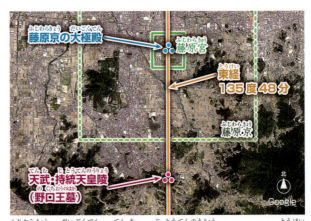

藤原京の大極殿も天武・持統天皇陵も、おなじ東経135度48分の一直線上にある。

　奈良県の明日香村にある古墳、天武・持統天皇陵（野口王墓）は、持統天皇が、先に亡くなった夫の天武天皇をほうむるためにつくったものです。のちに持統天皇自身も、この墓にほうむられることになります。

　686年、藤原京の造営なかばで、天武天皇が亡くなります。讃良は、夫のために丸一年をついやして墓をきずきあげました。その場所は、藤原京から南に4キロもはなれた山深い里でした。いったい、なぜこのような場所を選んだのでしょう。

　考古学者の猪熊兼勝さん（京都橘大学名誉教授）は、現在の古墳の位置を正確に計測すれば、謎がとけると考えています。GPSを使った機械で古墳の正確な経度を測定すると、天武・持統天皇陵の位置は東経135度48分、藤原京の大極殿の位置も東経135度48分です。大極殿と天武・持統天皇陵の位置は、4キロもはなれているのに、南北のほぼ一直線上におさまるのです。

　猪熊さんはいいます。
　「持統天皇は、大極殿の上から南をむいて、いろんな政をされますが、そのときには、つねに夫に語りかけるように話されたんじゃないかなあと思います」
　持統天皇が藤原京の大極殿に立ったとき、その視線の先には、いつも夫の眠る墓があったのです。

　夫の天武天皇が亡くなってから16年後の702年、持統天皇もこの世を去ります。享年57でした。持統天皇のなきがらは、夫が眠る墓におさめられました。

　ほかの天皇陵と同様、この天武・持統天皇陵も宮内庁の管理下にあり、厳重に守られていて、今ではなかのようすをうかがい知ることができません。しかし、鎌倉時代に内部を目撃した際の記録「阿不幾乃山陵記」が残されています。
　「お棺は張り物である」
　「布を張っている。朱色にぬられている」

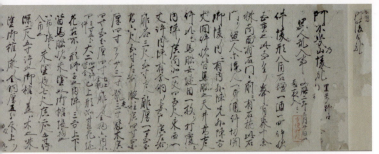

天武・持統天皇陵の内部のようすを伝える「阿不幾乃山陵記」（国立歴史民俗博物館蔵）。

里中満智子「天上の虹」（全23巻）。

「阿不幾乃山陵記」の記述をもとにつくった棺と金銅の入れ物（画像提供：飛鳥資料館）。

「金銅づくりの桶がひとつ。1斗（18リットル）ははいるであろうか」

この記録をもとに古墳のなかを再現すると、麻布を張り、漆でかためた当時最高級の棺と、そのかたわらに、金メッキされた銅の入れ物がならんでいることがわかります。そして、「続日本紀」に、持統天皇は火葬のうえ、天武天皇といっしょの墓にほうむられたと記されていることから、朱色の棺に眠るのは天武天皇のなきがらで、金銅の容器におさめられているのは火葬された持統天皇の遺骨と推測できるのです。

しかし、当時、火葬はほとんど例がありません。なぜ、あえて火葬を選んだのでしょう。

持統天皇の生涯をえがいた「天上の虹」の作者、里中満智子さんは、火葬の理由をこのように解釈しています。

——愛する夫のためと信じ、日本の国づくりにまい進してきた持統天皇は、晩年、病にあらがうなかで、臣下や皇子たちの力がなければここまでたどりつけなかったことに気づきます。そして、ひとつの遺言を残します。それは、自分が亡くなったあと、その身を火のなかにおいてほしいというものでした。

そして、「天上の虹」のなかで、持統天皇は、こう語っています。

「わたしは死んで煙となり天にのぼり、この国の大気にとけこみ、この国に生きる人々を見守りつづける。永遠に……」

持統天皇は、亡くなる半年ほど前、夫にたくされた国づくりの最後の目標を実現させます。それは、33年ぶりの遣唐使の派遣でした。

702年、遣唐使の一行は、新しく生まれかわった倭国について、唐の役人たちに説明します。そのときの遣唐使たちの言葉が唐の記録「旧唐書」に記されています。そのなかで、歴史上はじめてあらわれたのが"日本"という国号でした。

「日本という国名は倭国の別の名前である。太陽がのぼるところに近いので日本と名づけた」

遣唐使にたくされた、持統天皇最後の使命とは、「日本」という新しい国の名を世界にアピールし、国際社会と対等につきあいをはじめることだったのです。

滋賀県大津市にある葛川息障明王院。出陣を前に、富子と義尚は、そろってこの寺をおとずれている。

悪女の涙が日本を救った!?
～日野富子 足利将軍家の妻、母～

Episode.1 将軍家は女の修羅場！若き新妻の戦い

　日野富子は、室町時代なかばの1440年、京の都で産声をあげました。実家の日野家は朝廷につかえる公家。もともと中堅の家柄でしたが、室町幕府の時代になって、急速に格をあげていました。日野家は、3代将軍、足利義満との縁談をきっかけに、つぎつぎと娘を将軍の妻として送りこんでいたのです。

　ところが、日野家と血縁のない足利義教が6代将軍の座につくと、風むきがかわります。義教は、日野家の存在を敵視し、富子の祖父を殺害。さらには日野家をとりつぶそうとします。しかし、義教が暗殺され、日野家はあやうく難をのがれました。

　1455年、富子が16歳のとき、待ちのぞんでいた将軍家との縁談がもちあがります。相手は20歳の将軍、足利義政。美男子で、芸術の分野にもつうじた教養派です。婚礼の準備

足利義政

足利義教

はとんとん拍子にすすみ、その年のうちに結婚。富子は幸せいっぱいでした。

　ところが、いざはじまった結婚生活は、富子が思ったようなものではありませんでした。義政は、乳母だった今参局にべったりで、昼から酒を飲み、仕事にも身がはいらない始末。今参局は、やりたい放題で、幕府の重要な人事にまで口だしをしていました。

　将軍家にきたばかりの富子は、ただたえるしかありません。そんな孤立無援の富子に、

日野富子 （1440～1496年／室町時代）

■ プロフィール

室町幕府8代将軍、足利義政の妻。9代将軍、足利義尚の母。公家の日野政光の娘として生まれ、16歳で義政にとつぐ。はじめは富子に男子が生まれず、義政は弟の足利義視を将軍の後継者とするが、義尚が生まれると、富子が義尚を将軍にしようとしたことで、武将たちの対立が激化。1467年、応仁の乱がはじまる。義尚が9歳で将軍になると、富子は幕政に深くかかわり、関所の設置や米商売、高利貸しなどによって、幕府にばく大な財産をきずいた。

日野富子（宝鏡寺蔵）

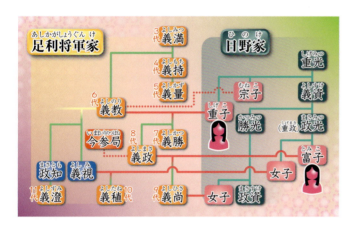

救いの手をさしのべた人物がいました。義政の母、重子です。だらしない息子のおこないをただし、正室である富子の立場を守ろうとしました。じつは、重子も富子とおなじ、日野家の出身。富子の大叔母にあたります。

しかし、その結果、将軍家の女たちを二分する争いが勃発してしまいます。富子と重子のグループに対し、今参局のグループというふたつの派閥にわかれ、いじめやいやがらせの応酬がはじまりました。

1459年、嫁入りから4年後、富子は、義政の子を身ごもりますが、この子は生まれてまもなく亡くなってしまいます。すると、この死がとんでもない事態をまねきます。今参局が自分の地位を守るために呪い殺したという話がささやかれはじめたのです。幕府は、これを放置することができなくなり、今参局はとらえられてしまいます。たいした取り調べもないまま、流罪が決定。先行きを悲観した今参局は、みずから命を絶ってしまいました。そして、今参局に味方した側室たちは、みな都を追放されたのでした。

この一連の事件は、じつは、重子が計画したとの記録が残っています。将軍家の安定、息子である義政を正道にもどすため――。そんな思いがあったのかもしれません。

しかし、騒動からまもなく、重子は急死します。もはや敵も味方もなく、義政のそばにいるのは富子だけになってしまいました。とはいえ、将軍家での過酷な日々を乗りこえた富子の心はいつしかきたえられ、将軍の妻にふさわしい強さをもつまでになっていました。子宝にもめぐまれ、ふたりの女の子をつづけて出産。あとはつぎの将軍となる男子が生まれれば、将軍の母として、将来も安泰でした。

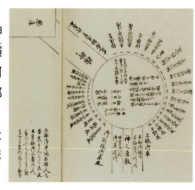

1464年、京都の下鴨神社でひらかれた能の上演会の配席表〈「多田須河原申楽記」（宮内庁書陵部蔵）より〉。お供の数は、将軍の義政が6人だったのに対し、妻の富子のほうが50人と多かった。

Episode.2 "我が子を将軍に！"の執念　悪女伝説の誕生

　1459年、日本全土はとつじょ、天変地異におそわれます。地震に大雨、台風、さらには日照りと、さまざまな異変が3年ものあいだつづきました。これによって大飢饉が発生して、餓死した人は京の都だけで8万人以上とされ、人口は3分の1に激減したともいわれています。

　この国家緊急の事態に、室町幕府8代将軍の足利義政は、趣味にしていた豪華な屋敷の建設に没頭していました。もともと幕府の運営にはさほど興味はありませんでしたが、未曾有の大災害もおこり、いよいよ面倒になっていたのです。

　やがて、義政は、とんでもない決断をします。弟の義視に将軍職をゆずるといいだしたのです。

　これにおどろいたのが妻の富子です。義視に将軍の座がわたってしまえば、富子の子が将軍になることはほぼ不可能になります。日野家の将来を守るためにも、自分の子をつぎの将軍にしなければなりませんでした。

　すると、奇跡がおこります。1465年、富子に待望の男の子が生まれたのです。新たな将軍候補、義尚の誕生です。義政も大よろこびし、次期将軍の座をめぐる話はふりだしにもどりました。

　しかし、これをきっかけに日本全国をまきこんだ争いがおこります。

　当時の幕府は、有力大名、畠山家の家督争いが原因で、ふたつの勢力に分裂していました。そこへ義尚と義視のふたりの将軍候補があらわれると、双方の勢力は義尚と義視をそれぞれ支持し、対立にいっそう拍車がかかりました。緊張感は刻一刻と高まり、1467年、ついに戦いの火ぶたが切られます。いわゆる「応仁の乱（応仁・文明の乱）」です。

　富子は、もちろん義尚を支持します。ところが、戦いにおいては、夫の義政ともども蚊

応仁の乱で戦場となった京都。
【イメージ画像】

相国寺の燃えた瓦（同志社大学歴史資料館蔵）。応仁の乱のはげしい戦いのようすを伝える。

帳の外におかれてしまいました。将軍家の代理戦争にかたちを借りた武将たちの争いは、全国に飛び火し、総勢27万人もの兵が激突します。京の都は、またたくまに火の海になってしまいました。

　より有利なかたちでの戦争終結をのぞんだ武将たちは、都のほとんどを灰にしても、戦いをやめようとしません。1473年、戦いがはじまってから、はや6年、いっこうに終息のきざしが見えない戦況に嫌気がさした義政は、ついに決断します。富子の強い説得もあって、将軍の座を息子の義尚にゆずることにしたのです。時に義尚は9歳。室町幕府9代将軍の誕生です。

　富子は、たよりない夫にかわり、幼いわが子をささえる決意をします。そこで、ある秘策を用意しました。それはお金です。軍事力でごり押しするのではなく、財力を武器にするまったく新しい発想でした。

　まずはじめたのは資金集めでした。京の都につうじる街道に関所を設置し、通行税を徴収します。また、米を買い占めて高値で転売する計画をし、さらには高利貸しもおこないます。みごとな財政手腕で、幕府の資産は急増しました。現在の価値で、70億円にものぼったといわれます。

　富子は、都で戦う能登国（今の石川県北部）の武将、畠山義統に、今の価値で約1億5000万円に相当する多額のお金を貸したといいます。直後に義統は戦いをやめ、自分の領地へ撤退していきました。じつは、これこそが財力を武器にする富子の戦略でした。体裁上、お金を貸したことになっていますが、実際はあたえたも同然。富子は、財力にものをいわせ、戦争をおわらせようとしたのです。

　しかし、庶民の目には、富子は自分たちから金をしぼりとってためこむ守銭奴のようにうつっていました。それでも、富子は戦いをおわらせる努力をつづけ、1477年、ついに全国で停戦が実現。応仁の乱は、だれも勝者とならないままおわりをつげます。戦いがはじまってから、11年の歳月が流れていました。ようやくおとずれた平和は、富子の知られざる努力と苦しみのすえにもたらされたものでした。

　富子の悪女伝説が生まれたのは、母として息子の義尚をささえ、将軍にしようとしたこと、そして、戦いをおわらせるためにばく大な富をたくわえたこと、そのふたつが大きな要因だったのです。

「大乗院寺社雑事記」（国立公文書館蔵）。畠山義統に大金を貸しつけたことがわかる文書。

Episode.3 一家離散の危機！ ゴッドマザーの涙

　長きにわたった戦乱の世。その代償は大きく、人々の心は荒れはて、室町幕府の力はひどく弱まっていました。9代将軍の義尚にとって、幕府の立て直しは急務でした。それは、すなわち義尚をささえる富子の課題でもありました。

　まず富子が最優先としたのが朝廷対策です。朝廷の後ろ盾を得ることで、幕府の権威を回復させ、支配力を高めようとしました。富子は、天皇ばかりか、おつきの女官にも贈り物をするなど、こまやかな心配りをして、朝廷との結びつきを強めていきます。

吉田神社の大元宮（京都市左京区）。焼け野原になった都を復興するために、富子の寄進により建てなおされた寺社のひとつ。

富子が復活させた下鴨神社（京都市左京区）の御蔭祭（葵祭の前におこなう祭礼）のようす。

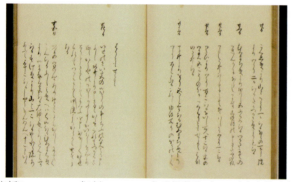
朝廷につかえた女官の日記「御湯殿上日記」（宮内庁書陵部蔵）。富子が朝廷に献上した品が記録されている。

　さらに富子は、庶民の暮らしにも目をむけます。焼け野原になった都を復興するため、神社仏閣の再興をおこないました。潤沢な資産を投じて、人々の心のよりどころをもうけることで、社会の安定をめざしたのです。さらに、戦乱でとだえていたまつりも復活させます。京の都と人々の暮らしは、しだいにかつての姿をとりもどしはじめていきました。

　富子は、義尚の教育にも力をいれます。当代一流と評判だった政治学者、一条兼良を義尚の専属の家庭教師にむかえました。兼良は、専用の教科書をつくり、将軍の職務に必要なさまざまな知識をさずけます。こうして富子に見守られながら、義尚は一人前の青年へと育っていきました。

　ところが、とつじょ、父の義政と義尚が大げんかをはじめます。原因は、なんと女性のとりあいでした。ふたりは、おなじ女性を好きになっていたのです。父と息子は絶縁状態となり、義尚は、その後も女性関係でトラブルを連発し、夜は夜で大宴会。やがて、将軍

足利義尚像
（等持院蔵）

葛川息障明王院（p.10）に保存されている参籠札。戦勝祈願のため、富子と義尚がこの寺におさめたもの。

の職務さえ、まともにつとめられないようになってしまいます。

そんななか、あるわざわいが転じて、富子の家族がふたたびひとつになります。1487年、義尚が病にたおれたのです。生死の境をさまよう危険な状態で、富子は、あらゆる寺社に命じて、病気平癒の祈祷をおこなわせました。息子の命の危機に、義政も無事を祈ります。皮肉にも、義尚の大病が家族を結びつけることになりました。

それから1か月後、義尚は奇跡的に回復します。そればかりか、将軍の職務にまじめにとり組み、さらには不摂生をあらためて、武芸にもはげみだしました。そして、義尚は、ある決意をします。

「わが命に背く者はわしが成敗いたす」

そのころ、近江（今の滋賀県）の武将、六角高頼が幕府に反抗的な態度を見せていました。義尚はみずから出陣し、これをうつと宣言したのです。異例ともいえる将軍の出陣ですが、義尚は、世間に存在感をしめす絶好の機会ととらえたのでした。

敵の武将、六角高頼は、義尚のひきいる圧倒的な軍勢におそれをなして逃走します。戦わずして将軍の威光をしめした義尚は、人々から「真の征夷大将軍」と称賛されました。

富子が将軍家にとついでから30年以上、多くの苦労のすえに産み育てたわが子の勇姿は、何物にもかえがたい幸せとほこらしさを感じさせたにちがいありません。

ところが、1489年、義尚がふたたび病にたおれ、そのまま帰らぬ人となってしまいます。享年25、早すぎる死でした。さらに翌年、夫の義政が病死。富子は、ふたりの菩提をとむらうために出家します。しかし、政治の舞台から身を引くことはなく、義尚の後継者擁立に奔走します。実家である日野家の繁栄のためにも、富子はできるかぎりのことをしました。

しかし、引退したはずの富子が幕府に口だしすることに、しだいに非難が集中していき、ついには軟禁生活に追いこまれてしまいます。そして、1496年、富子は、はやり病にかかり、この世を去ります。享年57。富子は、将軍家のならわしで夫や息子の墓とははなれ、皇室とゆかりの深い寺でやすらかに眠っています。

京都市上京区の華開院にある宝篋印塔（写真右）が富子の墓。

悪女の涙が日本を救った!?　〜日野富子 足利将軍家の妻、母〜

それでも、私は前を向く
～おんな城主・井伊直虎 愛と悲劇のヒロイン～

龍潭寺（静岡県浜松市）の庭園と本堂。植物と石、池をたくみに配置した池泉鑑賞式庭園。1936年に国指定の名勝に指定されている。

Episode.1　お嬢様が戦国武将⁉　井伊直虎 苦難の歩み

　戦国時代の武将、井伊直虎。猛々しい名ですが、じつは女性。その生涯は波乱にみちていました。地方の一領主、井伊家にかがやける栄光をもたらした、ある女性の物語です。

　室町幕府のおとろえとともに、日本全国が戦乱におおわれていた時代。直虎が生まれたのは、1535年ごろと考えられています。実家は数百年にわたって、浜名湖の北側にある井伊谷（今の静岡県浜松市北区）の一帯をおさめてきた領主でした。

　そのころ、地方に根づき、その地盤を領地として支配した武士を国人領主（国人）とよんでいました。井伊家も、そうした国人領主の家柄です。15ほどの集落をおさめ、質素ながらも城をかまえていました。

　本来、女性の直虎が井伊家をつぐ可能性はほとんどありません。跡つぎには、直虎が5歳のときにいいなずけとなった、いとこの直親が考えられていました。いずれは夫婦となり、ともに井伊家をもりたてるようにと、ふたりは幼いころから教えられていたのです。

　1544年、直虎が10歳のとき、井伊家の家督相続に不満をいだいた家老のひとりが陰謀をくわだてます。幼い直親を亡き者にしようとして暗殺団を送りこんだのです。それに気づいた直親の親族が、間一髪で直親をのがれさせます。直親は、今の長野県下伊那郡にあ

松源寺

井伊直虎 （1535年ごろ〜1582年／室町・安土桃山時代）

■ プロフィール

遠江国井伊谷（今の静岡県浜松市北区）の領主、井伊直盛の娘。直虎は、井伊直親を婿養子にむかえるはずだったが、一時、ゆくえをくらました直親を死んだと思って出家し、次郎法師と名乗る。1560年、桶狭間の戦いで父の直盛が死去。あとをついだ直親が今川氏によって殺されたあと、1565年、井伊家の当主となって、直虎と名乗りはじめる。直親の子、井伊直政を育て、徳川家康の家臣とさせる。直政は、徳川四天王のひとりとして活躍した。

井伊直虎（龍潭寺所蔵）

る松源寺に身をよせました。

家中で争いがおこることをおそれた直虎の父は、家老を罰せず、その一方で、直親の命を守るため、所在も生死すらもいっさい秘密にします。それは、いいなずけの直虎に対しても同様で、直虎が父をどんなに問いただしても、返事はもらえませんでした。

「直親様のおらぬ俗世など、いとうない」

思いつめた直虎は、俗世間とはいっさい縁を切って、仏門にはいってしまいます。

1555年、直虎が21歳となった年、実家から書状がとどきました。いいなずけの直親が生きていたという内容で、直親に反発していた家老が病で亡くなったため、逃亡先から帰ってくるという知らせでした。しかし、直虎はすでに出家した身。寺の定めでは、もはや直親とは夫婦になれなかったのです。

国に帰った直親は、井伊家の家督をつぐため、早々に別の女性と結婚し、子どもが生まれます。のちに井伊直政と名乗る男の子でした。井伊家の家中がよろこびにわくなか、直虎は寺に身をおきつづけました。その直虎に、天はさらなる試練をあたえます。家督をついだばかりの直親が暗殺されてしまったのです。井伊家の領地をねらう戦国大名、今川家のしわざでした。

そのとき、井伊家をつぐべき男子は直政のみ。しかし、まだ2歳と幼く、一家の当主はつとまりません。そこで、すべてをたくされたのが直虎でした。いいなずけとの永遠のわかれを悲しむまもなく、直虎の境遇は一変します。弱肉強食の争いをくりひろげた戦国時代に、世にもまれな女性の武将として、新たな人生を歩むことになったのです。

井伊家の菩提寺、龍潭寺の本堂。

右は、龍潭寺に伝わる「井伊家傳記」。平安時代からつづく井伊家の歴史がまとめられている。

井伊家／直親・直虎・直政

それでも、私は前を向く 〜おんな城主・井伊直虎 愛と悲劇のヒロイン〜

Episode.2 政治手腕は戦国一⁉ おんな城主・直虎

　1565年、直虎は新しい城主となります。城をかまえ、領地をおさめる国人領主ではありましたが、立場は微妙でした。そのころ、全国各地では、強大な軍事力をほこる戦国大名が力をふるい、それぞれの土地の国人領主たちも戦国大名の支配をうけるようになっていたのです。直虎の本拠地、井伊谷のあった遠江国（今の静岡県西部）は、戦国大名である今川家の支配下にありました。直虎は、井伊谷の地をおさめながらも今川家の命令をうける、いわば会社の中間管理職のような立場にありました。

　国人領主たちの悩みのたねは、上司にあたる大名たちがくりかえす戦の費用でした。国人領主は領民から得た年貢（今の税金）をそれにあてていましたが、台所はいつも火の車だったようです。しかし、安易に年貢をふやせば、農民の一揆をまねき、収入そのものをうしないかねません。そのため、ときには農民たちに食事や酒をふるまい、気持ちよく年貢をはらってもらえるようにつとめました。

　一方で、大名にもたえずご機嫌うかがいをしていました。少しでも対応をおろそかにしているとか、反抗的だとうけとられてしまったら、討伐をうけて家をほろぼされかねなかったからです。そんなさなかに国人領主となった直虎は、男性中心だった戦国の領主の世界にあっては、とくに苦労が多かったにちがいありません。

　直虎は、自分が女性であることをたくみにかくしました。その策士ぶりにくわえ、すぐれた政治手腕の持ち主でもありました。

　ある日、田畑の不作で借金返済にきゅうした農民が今川家へ直訴しました。うったえをうけた今川家は、農民たちの直接の領主である直虎に、徳政令をだすよう命じます。それは借金の返済を免除する法令です。ふつうなら、その命令にしたがって徳政令をだすところですが、直虎はためらいました。井伊家は領内の商人から金を借りていたので、徳政令をだせば商人が破たんし、今後、借金できなくなって、お家の危機に直面してしまうからです。しかし、徳政令をださなければ、生活苦に追いつめられた農民たちが一揆をおこし、大混乱におちいるかもしれません。これこそ今川家の真のねらいでした。井伊家の支配をかきみだし、そのすきに領地をうばってしま

「蜂前神社文書」（浜松市博物館保管）。今川家とのあいだでかわされた書状。徳政令に関するやりとりが記されている。左は直虎の花押。花押とは、署名の下に書くサインで、身分の高い男性だけがもちいていた。たくみに男のふりをしていたことがうかがえる。直虎という名前は、いかにも武将らしいものだが、領主になってから名乗りはじめている。

（赤く色づけした部分が花押）

おうという意図だったのです。

　もつれあう利害のなかで、直虎は、徳政令の見送りを決定。商人を保護し、井伊家の経済的安定を最優先することにしました。しかし、徳政令をださないとはっきりいえば、今川家への謀反ともとられかねません。そこで、今川家には、商人たちを説得する猶予がほしいと時間かせぎをし、そのあいだに商人を徳政令から除外する特例措置の下準備をすすめました。さらに、徳政令を求めた農民たちが一揆をおこさぬよう細心の注意をはらいつづけます。今川家、商人、農民、この三者との絶妙なバランスを直虎は必死にたもちつつ、井伊家を守るために心をくだきつづけました。

「龍潭寺寄進状」（龍潭寺所蔵）。担保の土地を徳政令から除外することが記されている。

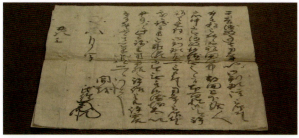
今川家からの書状（浜松市博物館保管）。徳政令を先のばしにするのはもってのほかであり、ゆるされないと記されている。

　そして、すべての準備をおえた1568年、ようやく徳政令をだします。そのたくみな根まわしによって、今川家がねらっていた混乱がおきることはありませんでした。

　この徳政令の実施では、直虎は、もうひとつたいせつなものを守っていました。それは、幼き日に僧侶としてすごした龍潭寺です。当時の寺は、お布施などで得た金銭を庶民に貸し、その利子で寺を修繕するなどしていました。徳政令がだされれば、貸した金がもどらないばかりか、担保の土地も借り手にもどされ、寺が立ちいかなくなるおそれがあったのです。直虎は、担保の土地だけは徳政令の適用から除外するという書状を龍潭寺に発行。寺を存続の危機から救っていたのです。

　女城主、井伊直虎は、力がものをいう時代にあって、知恵としたたかさで領地を守っていきました。

井伊直虎が尼でなかったわけ

　井伊直虎は、じつは、僧侶、つまり男性として出家していました。当時、禅宗の寺では、尼（女性の出家者）になると俗世にもどれないという定めがありました。そこで、家督相続などで実家が危機におちいったときにそなえ、俗世にもどることができる僧侶となったようです。

　ただし、たとえ僧侶でも結婚は禁止。そのため、直虎は、生きてもどってきたいいなずけの直親とは夫婦になれず、苦しむことになったのです。

僧侶は俗世にもどれたが、尼はもどれなかった。【イメージ画像】

Episode.3 どん底からの大逆転！

徳政令をめぐって知略をつくした直虎でしたが、今川家は、この直虎に統治能力がないといいがかりをつけ、ついに力づくで領地をうばってしまいます。井伊家は離散し、直虎は、幼い直政とともに城を追われました。城も領地もすべてうしなった直虎は、1568年、龍潭寺に身をよせます。

直虎は、井伊家復活の道をさぐりますが、遠江国をめぐる情勢は、ますます混沌としていました。直虎が龍潭寺にはいった直後、今川家が隣国の武田・徳川両家に攻めこまれ、滅亡してしまったのです。

遠江をめぐる勢力関係

井伊家を再興するには、武田家と徳川家のいずれかの庇護を得る必要がありました。選択をあやまれば、家を再興するどころか、その大名もろともほろんでしまうかもしれません。ほかの大名の動向や、戦の勝敗なども把握し、将来を見きわめる必要があったのです。

遠江国の国人領主たちの判断は真っ二つにわかれていました。武田家を選んだ者と徳川家を選んだ者はほぼ同数でした。

そして、直虎が選んだのは徳川家でした。当主の家康は、当時、織田信長の同盟相手にすぎない存在でしたが、直虎の心を決めさせたのは、亡きいいなずけ、直親の生前の行動だったと考えられています。直親はひそかに、井伊家が今川家をはなれ、徳川家にしたがう準備をすすめていました。生まれてまもない直政を家康につかえさせようともしていたのです。

1575年、直政が15歳になると、直虎は、直政が家康の家臣としてとりたててもらえるよう行動をおこします。しかし、流浪の家の者が大名である家康にすんなり会えるとは思えません。直虎は、家康の行動を調べあげ、家康が趣味の鷹狩りにおもむく道すがら、直政に出会うという機会をつくりだします。

直虎の計画実行の日――。場所は今の静岡県浜松市。直虎が手ぬいでつくった衣装を身につけた直政は、道ばたに立ち、鷹狩りの家康一行がとおりかかるのを待ちかまえます。そして、家康がやってくると、ふかぶかと頭をさげ、古来、井伊家と徳川家がかかわりのあることを語り、自分も家康につかえたいと願いでたのです。

井伊直政

家康は直政をひと目で気にいったようで、直政は、その場で家臣にとりたてられ、万千代という名までさずけられました。

徳川家臣団の一員となった直政は、めきめきと頭角をあらわしはじめます。直虎は、直政を無事に仕官させたあとも、龍潭寺に身をおいて、井伊家の当主としてのつとめをはたします。すると、直虎が願いつづけた井伊家の繁栄をたしかなものとする歴史的事件がおこりました。

1582年、京都の本能寺で、織田信長が明智光秀の謀反にあって亡くなったのです。近くに滞在していた徳川家康にも危機がせまります。家康は、一刻も早く本拠地の三河国へもどり、態勢を立てなおす必要がありました。そのとき、警護をまかされたのが、わずかな供のひとりの井伊直政でした。追手からのがれ、伊賀国（今の三重県）の山中をぬける大脱出が敢行されます。落ち武者狩りなど、危険にみちた道中でしたが、直政は命をかけて家康を守りぬいたのです。これが、のちにまで家康が生涯最大の苦難と語った「伊賀越え」でした。

四神旗（井伊美術館蔵）。出世街道をまい進する直政に、直虎（次郎法師）がおくったとされる戦勝祈願の4本の旗。神のご加護を祈るまじないの文言は、直虎が書いたものと伝わる。

直政は、めざましい活躍を見せました。あるときは、家康が刺客におそわれて間一髪のところを救い、またあるときは、徳川家の宿敵、武田家との合戦で獅子奮迅の働きをしています。井伊家の当主となった直政は、直虎の期待以上に成長していきます。

江戸幕府の世になると、井伊家は、近江国（今の滋賀県）の彦根にうつり、幕府をになう譜代大名のなかでも一番の家柄となりました。一時は滅亡のせとぎわに立たされた井伊家でしたが、戦乱の世に生まれた稀有な女城主、直虎の執念で、みごと再興をはたしました。井伊谷の国人領主から日本有数の大大名へと、おどろくべき出世をなしとげたのです。

直虎と直親の墓

井伊直虎が亡くなったのは、直政が名をあげた伊賀越えのわずか3か月後。井伊家の安泰を確信してから世を去ったかのような最期だったといえます。享年48でした。墓は菩提寺である龍潭寺に建てられています。場所は、いいなずけだった直親の墓の隣。ふたりの墓は、結ばれることのなかった愛しい人によりそうようにならんでいます。

直虎（右）と直親（左）の墓。

柳川(福岡県柳川市)の水路をめぐる川下り(お堀めぐり)。立花家は大出世し、立花城から柳川城にうつった。

戦国女BOSS(ボス)がゆく
～ツンデレ城主・誾千代&戦う女たち～

Episode.1 誕生 戦国最強の女城主

　モテる女性のタイプといえば、「明るい」「カワイイ」「やさしい」などとよくいわれますが、最近では「ツンデレ」という言葉を聞いたりもします。ツンデレとは、ふだんは強気でツンとすましているけれど、ほんのたまにデレッとかわいくなる人のこと。戦国時代に実在したツンデレな姫たちの物語を紹介しましょう。

　織田信長が天下統一にむけて動いていたころ、筑前国(今の福岡県北西部)にある立花城の城主、立花道雪は、ある悩みをかかえていました。

　「わしの歳もすでに60をこえたが、とうとう男子は生まれなかった。わが主君、大友家からは養子をとれとたびたびいわれているが、養子ではのちのち家の争いのたねになることもある。いかがしたものか……」

　道雪は、九州の有力な戦国大名、大友宗麟の重臣です。その道雪が目をつけたのは、7歳になる一人娘の誾千代。幼いころからかしこく、武芸にもひいでていました。道雪は、誾千代の才能を見ぬき、跡つぎにする決断をくだします。立花城と、兵士たちを指揮監督する立場を誾千代にゆずったのです。

　誾千代は、強く気高い女城主に成長し、家臣たちも心からつきしたがうようになります。しかし、跡をついで6年たったとき、大きな転機がおとずれます。立花家の主君で、九州の有力大名である大友家が、ライバルである薩摩の島津家との戦いにやぶれ、崩壊しはじめたのです。このままでは、立花家もまちがいなく島津家にねらわれます。

　道雪は、武勇にすぐれた家から婿をむかえ、誾千代とともに島津家にあたらせるのが良策

立花誾千代（1569〜1602年／室町・安土桃山時代）
妙林尼（?〜?年／室町・安土桃山時代）

■ プロフィール

立花誾千代は、戦国時代に活躍した女性。九州の戦国大名である大友宗麟の重臣、立花道雪の娘。7歳のとき、道雪から立花城や兵士たちをゆずりうけ、以後、立花家をひきいる。1581年、誾千代は宗茂を婿にむかえる。

妙林尼は、戦国時代に活躍した女性。九州の大友氏の家臣である吉岡鑑興の妻。1578年、鑑興が亡くなると、出家して妙林尼と名乗った。1586年、島津軍の攻撃に際し、みずから指揮をとった。

立花誾千代（良清寺蔵）
妙林尼

だと考えます。婿に選んだのは、近隣の有力武家、高橋家の嫡男、のちの立花宗茂。戦上手で人柄も温厚と評判の人物でした。しかし、結婚して家督は宗茂のものとなりましたが、誾千代には立花家の姫としてゆずれない一線があります。

「立花家をひきいるのはわたしだということをご承知おきいただかねば……」

結婚から5年後、島津軍が本格的に攻撃を開始し、大友家の領地をつぎつぎとうばいとります。大友家は、信長にかわって天下統一に乗りだした豊臣秀吉に援軍をたのんでいましたが、島津軍は進撃の手をゆるめません。

進撃する島津軍

誾千代たちの立花城を大軍勢で包囲し、城の明けわたしを要求してきました。

しかし、誾千代と宗茂は、籠城による徹底抗戦を決断します。誾千代は、男の部隊とは別に侍女たちを集めて女だけの部隊を組織し、みずからその軍をひきいました。島津軍は、城の守りのかたさに手を焼いて、ついに攻撃を断念。立花城から撤退をはじめました。そのとき、夫の宗茂らが城をとびだし、島津軍を追撃。うしなった領地をつぎつぎに奪還していきました。

まさに強気な妻とできる夫の絶妙のコンビネーション。このとき、誾千代18歳、宗茂20歳という若さでした。

左は「高橋紹運覚書（写）」（立花家史料館所蔵／柳川古文書館寄託）。宗茂が立花家の婿養子になる際に、宗茂の父が作成した覚書。右は、誾千代が父からゆずられたものと同じタイプの兜（立花家史料館所蔵）。

Episode.2 登場！ 知略の女BOSS（ちりゃくのおんなボス）

　戦国時代、男たちとともに戦場に立った女性は、立花誾千代以外にも数多くいました。伊勢国（今の三重県）の富田信高の妻は、甲冑を身につけ、敵兵にかこまれた夫のもとにかけつけて相手を撃退したといいます。武蔵国（今の東京都と埼玉県）の甲斐姫は、弱気な兵に檄をとばし、石田三成を中心とする2万人あまりの大軍勢をやぶったといいます。愛媛県（昔の伊予国）には、腰の部分がくびれた女性用の鎧が残されていて、それは水軍をひきいた女戦士のものとも考えられています。

左は甲冑を身にまとった富田信高の妻。右は腰のくびれた女性用の鎧（大山祇神社蔵）。

　そんな女戦士たちのなかで、最高の知恵と戦術をもちあわせていたのが吉岡妙林尼ともいわれます。ときにははげしく攻め、ときにはあまくせまるといった、アメとムチを使いわける作戦で、敵兵を手玉にとり、城と故郷を守りぬいた妙林尼の活躍を紹介します。

　1586年、島津軍が筑前国の立花城にせまっていたころ、島津軍は別の部隊を豊後国（今の大分県）の鶴崎城にもむかわせていました。このとき、鶴崎城では、城主や主力の兵士は

別の戦場にでていて留守でした。

　兵力にものをいわせた島津軍は、いっきに城に攻めこみます。ところが、兵たちがつぎつぎに地中に消えていきました。落とし穴がしかけられていたのです。この作戦を考えたのは、留守を守っていた鶴崎城主の母、妙林尼です。記録によると、島津軍の襲来を察知した妙林尼は、城のまわりのいたるところに落とし穴をほり、底にするどい杭をうめていました。さらに、その先には、V字型の堀までつくる念のいれようだったそうです。

　島津軍は16回も攻めこみますが、城を落とすことができません。大友家との大戦を前に、これ以上は兵をうしなえない状況の島津軍は、城に和睦を申し入れてみることにしました。

すると、意外にも、妙林尼は申し入れをあっさりとうけいれ、城を明けわたしてしまいます。しかも、島津の武将たちを待っていたのは、いたれりつくせりの大接待でした。戦のときは鬼のように容赦なかった妙林尼ですが、うってかわってやさしい女に大変身。島津の武将たちは、すっかり妙林尼に心をゆるしました。

　ところが、島津軍が鶴崎城を得てから3か月後、豊臣秀吉の大軍が九州平定のために進軍を開始します。勝ち目がないと察した島津軍は、鶴崎城からの撤退を決断しました。

　「われらは明朝、薩摩に帰るつもりだが、妙林尼殿はいかがなされるおつもりか」

　「わたしどももみな、おつれくださいませ」

　島津の武将は、あとからついてくるという妙林尼の言葉を信じ、先に城を出発します。ところが、城近くの川原にさしかかったとたん、妙林尼とその兵たちがやぶかげからあらわれ、島津軍におそいかかったのです。

　記録によると、この奇襲でうちとられた島津兵は63人。軍は総崩れとなって、薩摩に逃げもどりました。これが妙林尼の作戦だったのです。

　じつは、妙林尼は、島津軍との過去の戦いでたいせつな夫を亡くしています。すべては、その深い恨みからはじまっていました。まず、城と兵を守るため、敵を徹底的にいためつけ、その後、3か月間は一転して、やさしい態度で十分に油断させ、最後にいっきに攻撃をしかける。妙林尼はたくみな戦術を使って、故郷の鶴崎を守りぬき、さらに亡き夫の無念をもはらしたのです。

　鶴崎城の偉大なる母、妙林尼の知恵と大胆な行動力は、今も鶴崎の人々のほこりとなっています。

大分市にある妙林尼の石像。鶴崎の守護神になってほしいとの願いをこめて商店会が設置したという。

町おこしで活躍する妙林尼

　妙林尼の活躍は、今も地元、大分市の鶴崎の町で語りつがれています。妙林尼をモデルにしたキャラクターの名前は"妙林ちゃん"。町おこしの一環で誕生した鶴崎の守り神です。商売繁盛、家内安全などにご利益があるとして、町のいたるところにかざられるほどの大人気です。

妙林ちゃん

Episode.3 闇千代と宗茂　別れと絆の物語

　立花闇千代と夫の宗茂は、戦国最強の夫婦として、九州にその名をとどろかせました。宗茂は、その武功により、九州一の人物だと豊臣秀吉からたたえられます。そして、立花家は、秀吉の直臣として大名にとりたてられました。一家臣から大名へと、主君の大友家と肩をならべる大出世でした。

　1587年、闇千代と宗茂は、新たに13万石の領地をあたえられ、立花城から柳川城へうつることになりました。新領地の中心が現在の福岡県柳川市です。水路が張りめぐらされた水郷で、商都としてさかえてきた町です。しかし、城のなかにボスがふたりいるという複雑な状況のため、しだいに家臣団が一枚岩ではなくなっていきます。戦国最強夫婦の仲に少しずつひずみができていきました。そして、ついに闇千代は城をでる決意をします。

　そんなすれちがいの夫婦に、決定的な危機がおとずれます。立花家の主君、豊臣秀吉が亡くなったあと、豊臣家をないがしろにする徳川家康と、それに反発する石田三成が対立

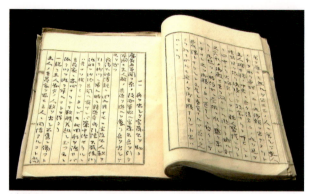

柳川藩に伝わる「柳川藩私誌」（柳川古文書館所蔵）。闇千代の生涯が記されている。

を激化させ、戦いが目前となっていたのです。1600年の「関ヶ原の戦い」です。宗茂は、石田三成を中心とする西軍につこうとしますが、闇千代の考えはちがっていました。

「徳川方の優勢なるは明らか。宗茂様は、立花家をほろぼすおつもりか」

　宗茂は、闇千代の制止をふりきり、立花家の兵を4000人もひきいて、決戦の地へと出陣しました。案の定、西軍とみなされた柳川の闇千代へむけて、東軍の鍋島軍がおしよせてきます。闇千代は、ふたたび鎧をまとい、立ちあがりました。闇千代の立花軍のもとには、武器を手にした侍女たちがつぎつぎとかけつけます。その数、なんと200人。闇千代とともに決戦にのぞむ覚悟でした。立花軍と鍋島軍は、柳川城の北側で激戦を展開。しかし、鍋島軍のいきおいがまさっていきます。

　東西を川、南を海にかこまれた柳川城は、南の海側はとくに攻められにくい場所とされていました。しかし、闇千代は、水軍をもっている鍋島軍なら海側からも攻めてくるにち

家臣団は、闇千代につく者と宗茂につく者にわかれたため、ふたりのあいだに亀裂が生まれた。

「わが妻が何よりもだいじに思ってきた立花家。その再興こそ、わたしの一生のつとめ」

宗茂は、大名にかえり咲くため、プライドをすて、かつての敵、徳川家康に恭順の意をしめしました。そして、熱意がみとめられ、将軍の相談役に任じられます。さらに、徳川家と豊臣家との最後の戦い、大坂の陣では、徳川方として参戦し、高く評価されたのです。

1620年、誾千代の死から18年後、宗茂は、柳川城主へと奇跡の復活をはたしました。関ヶ原の戦いで西軍にくわわった者のうち、大名となり、かつての領地に復帰できたのは宗茂のみです。宗茂の努力にくわえ、誾千代たち、立花家のこれまでの武勇に、徳川家が一目おいていたからだといわれています。

柳川にもどった宗茂がまず手がけたのは、誾千代の菩提をとむらう寺を建立することでした。

がいないと考え、海岸の守りをかためる指示をだします。やがて、誾千代の予想どおり、鍋島軍は、海から進撃してきましたが、守備隊のかたさを見て、戦わずして退却していきました。

しかし、この天下を二分した関ヶ原の戦いは東軍が勝利。西軍についた夫の宗茂は、かろうじて生き残りますが、立花家のすべての領地は没収されてしまいます。

その後、宗茂は浪人となり、京都で再起を期します。一方、誾千代は、わずかな家臣とともに肥後国（今の熊本県）に住まいをうつされます。父からうけついだ立花家のすべてをうしなった誾千代は、心労がかさなったのか、重い病にかかります。熊本にうつってからわずか2年、誾千代は、34歳という若さで息を引きとりました。

誾千代の死を知った宗茂は強く決意します。

立花家ゆかりの三柱神社（福岡県柳川市）。まつられているのは立花誾千代、その父の道雪、夫の宗茂。左は人気の蘇守。関ヶ原の戦いでやぶれ、改易された立花家が奇跡の復活をとげたことにちなんでつくられた。

立花誾千代が眠る良清寺（福岡県柳川市）。

良清寺に建てられた誾千代の墓。

幕府崩壊！嵐の中の愛
～幕末ヒロイン 天璋院・篤姫の真実～

江戸幕府の中心、江戸城があった場所は、今は皇居（東京都千代田区）となっている。

Episode.1　薩摩おごじょ 篤姫　嫁入り騒動記

　徳川家康が江戸幕府をひらいてから230年あまりたった1835年、篤姫は、薩摩国（今の鹿児島県）に生まれました。幼名は於一。実家は薩摩藩主である島津家の分家で、代々、指宿の一帯をおさめてきました。於一は、忍耐力があり、不平をいわず、いつも温和な明るい娘だったといわれ、いわゆる「薩摩おごじょ」を地でいくような性格だったようです。

　1850年、於一が16歳のとき、幕府から薩摩藩に、ある話がもちかけられます。将軍の嫡男である徳川家定の正室（第一位の妻）を薩摩からむかえようというのです。本来、将軍の正室は公家からめとるのがしきたりで、一大名に縁談話などがくるはずはありませんでした。じつは、家定の結婚はこれで3度目。最初の妻は慣例どおり公家の娘でしたが病死。再婚の相手も公家の娘でしたが、すぐに亡くなります。縁起がわるいということで、幕府の上層部は、健康で子宝にめぐまれると評判だった島津家の娘に白羽の矢を立てたのです。この話に、薩摩藩主の島津斉彬はおおいに興味をしめしました。徳川家と親密な家柄になれば、藩に大きな利益がもたらされると考えたからです。

　しかし、斉彬には1歳の女の子しかいなかったため、親類縁者のなかから、年ごろの娘をさがしはじめます。結局、最終的な候補として残ったのが於一でした。はれて将軍の正室候補となった於一の心中は、期待と不安でいっぱいだったことでしょう。

島津斉彬（尚古集成館蔵）

天璋院 （1835～1883年／江戸・明治時代）

■ プロフィール

江戸幕府13代将軍、徳川家定の正室（第一位の妻）。薩摩藩の島津忠剛の娘として生まれる。幼名は於一。篤姫の通称で知られる。島津斉彬の養女となったのち、右大臣の近衛忠熙の養女となっている。1856年、家定と結婚。1858年に家定が病死すると、出家して天璋院を名乗った。江戸幕府の消滅に立ちあい、徳川家の存続に力をつくした。明治維新後は、徳川宗家をついだ家達の養育にあたった。1883年に死去。

天璋院（徳川記念財団蔵）

島津斉彬が宇和島藩主にあてた書状（国立歴史民俗博物館蔵）。「幕府には分家の娘をわたしの実の子としておしとおす……」とあり、口裏をあわせるように根まわしをしていたことがわかる。

ところが、問題が発生します。於一が斉彬の実の子でないのなら、正室ではなく側室（正室以外の妻）にすると幕府が伝えてきたのです。将軍の正室は大奥をしきり、大きな権限をもつ存在。一方、側室は将軍の跡つぎを生まないかぎり、その他おおぜいのひとりにすぎません。立場には大きな差があります。そこで、斉彬は、於一を自分の実の娘だといいはることにしました。まず於一を養女にむかえ、篤姫と改名させます。そして、篤姫は自分が若いときにできたかくし子であるという、うその報告書を幕府に提出しました。作戦はみごとに成功。篤姫は正室としてむかえられることになったのです。

ところが、1853年、ペリー提督ひきいるアメリカ艦隊、いわゆる黒船が神奈川県の浦賀沖に来航し、幕府に開国をせまったため、国内情勢はにわかに混乱します。さらに1855年、安政大地震が発生し、江戸でも大きな被害がでました。そのため、輿入れ（嫁入り）は先送りにされつづけ、3年もの月日がたってしまいます。篤姫は、ふるさとに帰ることもできず、江戸の屋敷にとめおかれたままでした。

不安に心がゆれる篤姫でしたが、この状況をチャンスととらえていたのが斉彬でした。斉彬は、このすきに篤姫を公家の近衛家へ養女にだし、身分のうえでは公家にさせます。将軍の正室として申し分のない格を得たのです。

そして、世の中がようやく落ちつきをとりもどした1856年、すでに13代将軍となっていた家定と篤姫の婚礼がとりおこなわれます。縁談話がもちあがってから、じつに6年後、篤姫が22歳のときでした。

Episode.2 次期将軍は誰か!? 新妻・篤姫の苦悩

　2000人もの女性たちが暮らしたといわれる江戸城の大奥。頂点に立つのは御台所とよばれる将軍の正室でした。正室は、かなり多忙な毎日を送っていたようで、13代将軍、徳川家定の御台所である篤姫もまた同様でした。夫とふたりですごせるのは公務のあいまと夜だけ。しかも月に数回程度。あまい新婚生活とはいかなかったようですが、ふたりは親しく、仲むつまじくすごしていたようです。

徳川慶福
（徳川記念財団蔵）

一橋慶喜
（茨城県立歴史館蔵）

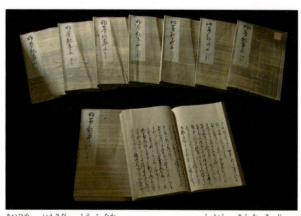
篤姫と家定の夫婦仲をうかがわせる資料「昨夢紀事」（松平文庫／福井県立図書館保管）が残されている。

　しかし、篤姫は、ある秘密をもっていました。父の斉彬から、つぎの将軍には一橋慶喜こそがふさわしいと家定に働きかけるよう密命をうけていたのです。生まれつき虚弱だったといわれる家定は、前の正室、側室、いずれにも子どもをさずかっていませんでした。自分に子がいないかぎり、家定は、跡つぎを指名する必要があります。候補として有力だったのは、紀州藩の徳川慶福。家定とも親しく、幕府の実権をにぎる譜代大名や大奥にも支持されていました。しかし、当時、慶福はまだ12歳。黒船来航などで混乱した政局をおさめるにはまだ若く、すぐに次期将軍とは決められない状況でした。

　一方、斉彬たち外様大名がおしたのは水戸藩出身の一橋慶喜。たいへん有能と評判の人物でした。斉彬は、慶喜を将軍とすることで、幕府への影響力を強めようとしていました。篤姫は、いわばその切り札で、つぎの将軍を決めるにあたり、幕府内部での裏工作をたくされていたのです。さらに、斉彬は、下級武士の西郷隆盛を抜擢し、篤姫を補佐する連絡役としました。

　篤姫は、まず跡つぎの決定に大きな影響力をもつ大奥の有力な女中たちを買収しようとします。西郷をつうじて送られた資金の額は500両。今のおよそ5000万円に相当しました。しかし、慶福を支持する女中たちの結束は思いのほかかたく、なかなか味方に引きこめません。家定に直接うったえることも考えましたが、篤姫は、愛する夫との関係にひびがはいることをおそれ、ためらっていました。

　そこで家定の母、本寿院にたのみました。

本寿院は、家定と篤姫の関係が円満になるならと引きうけ、慶喜を跡つぎにするよう家定にすすめますが、家定は大激怒。あまりの剣幕に、本寿院は、説得は無理だと篤姫に伝えます。

篤姫は、最後の手段として、みずから家定を説得しようと決断しますが、本寿院は、あわてて引きとめます。これ以上、家定を怒らせたらどのようなとがめをうけるか、予想もつかなかったからです。さすがの篤姫も引きさがるしかなく、とうとういきづまってしまいました。

この直後、将軍の後継者問題は急展開を見せます。幕府の実権をにぎる大老に、譜代大名の井伊直弼が就任。井伊は、関係の深かった紀州藩の慶福を早急に将軍候補とするよう家定に強く進言したのです。その結果、1858年、ついに次期将軍が徳川慶福に決定しました。

その知らせは、すぐ篤姫の耳にもとどきました。

「大事をうけたまわりながら、何もお役にたてませんでした。ただただ残念でなりません」

父の島津斉彬にあたえられた使命と夫への愛のあいだで大きくゆれた篤姫の女心。秘めたる計画は失意のうちにおわったのです。

将軍候補に指名された紀州藩の慶福は、家定と篤姫の養子としてむかえられることになりました。はからずも新たな家族を得た篤姫でしたが、その2か月後、悲劇にみまわれます。夫の徳川家定、そして、父の島津斉彬があいついで急死したのです。

篤姫は出家し、天璋院を名乗ります。残された家族は幼い慶福だけ。14代将軍となり、家茂と名をあらためたあとも、篤姫は愛情深く育てていきました。しかし、その家茂も21歳の若さで病死してしまいます。篤姫は、天涯孤独になりました。故郷の薩摩に帰ることもできましたが、愛する夫の形見ともいえる徳川将軍家を守りぬこうと決意していたのです。

不思議な合戦図

幕末にえがかれた不思議な浮世絵があります。野菜・果物と、タコなどの海の生き物にわかれての合戦のようすです。当時の人が見れば、ひと目でぴんとくる風刺画だといいます。

野菜・果物軍の大将はミカン。ミカンといえば、紀州（和歌山県）の名産。つまり紀州藩をあらわします。タコといえば、当時は水戸（茨城県）の名産。すなわち水戸藩のことです。この絵は14代将軍の座をめぐる紀州藩と水戸藩の争いのようすをあらわしたものです。

「青物魚軍勢大合戦之図」（歌川広景／国立国会図書館蔵）

Episode.3 徳川崩壊への10日間　命をかけた篤姫の決意

　黒船の来航以来、その威信が急速にかげりを見せはじめた江戸幕府。14代将軍の徳川家茂が亡くなると、各地で倒幕（幕府をたおすこと）ののろしがあがります。その先頭に立って、京都の朝廷と結び、新政府をつくったのが篤姫の故郷、薩摩藩でした。新政府軍をひきいる西郷隆盛は、徳川家打倒に動きだします。

西郷隆盛
（国立国会図書館）

　慶応4（1868）年1月3日、ついに新政府軍は、徳川慶喜をようする旧幕府軍と京都郊外で激突します。鳥羽・伏見の戦いです。この戦いに旧幕府軍は敗北しました。慶喜は江戸に逃げかえり、事態収拾を家臣にゆだねて、上野の寛永寺に謹慎します。徳川家の命運は風前のともしび。江戸城に残された大奥のトップ、篤姫にその存亡がかかっていました。

「このままでは、徳川家はおわりじゃ」

　もはや戦いで勝つのは不可能な状況でした。徳川家が生き残るために、篤姫たちは和平への道をさぐりはじめます。新政府軍の後ろ盾である朝廷に、ゆるしをこう嘆願書を何通も送りました。しかし、江戸にむかう新政府軍の進軍はとまらず、3月5日には駿府（今の静岡市）に到達。10日後の3月15日を江戸城総攻撃の日と決定します。

　江戸城下では、戦で町が火の海になるといううわさがとびかい、大混乱におちいります。徳川家の重臣たちは篤姫を城から避難させようとしますが、篤姫は、徳川家を見すてることになるとして動きませんでした。徳川家にとついだからには、徳川の人間として生きつづける。篤姫は、最後まで城にとどまり、徳川家を守る覚悟でした。徳川家では、新政府軍の攻撃をなんとかくいとめようとして、西郷のもとに使者を送りますが、慶喜の処遇をめぐって交渉は難航し、決着にはいたりません。西郷には、新しい時代をつくるには徳川家を完全に打倒すべきだという強い思いがありました。

　3月11日、総攻撃まであと4日。いよいよ追いつめられた篤姫は、わずかなのぞみをかけて最後の行動をおこします。大奥に出入りする医師、浅田宗伯に、和平をうったえる手紙をあずけ、新政府軍にとどけるよう命じたのです。翌日、浅田は、今の神奈川県川崎市付近で、進撃してきた新政府軍と遭遇します。

　西郷にあてた篤姫の手紙には、こうありました。

「わたしの命にかえても、ぜひぜひおたのみ申しあげます。徳川はたいせつな家柄ゆえ、このこと幾重にもおくみとりいただき、徳川家の存続がゆるされますよう朝廷へのおとりなしをおたのみ申します」

薩摩藩士の家に、家宝として代々うけつがれてきた篤姫直筆の手紙。徳川家を守るため、西郷へ嘆願する内容が書かれている。

「わたしどもの難儀をお察しいただけますならば、わたしは徳川の先祖、そして父、斉彬への孝行をはたすことができます。あなた様の武人としての徳と情け深いお心も、この上ないものとなりましょう」

主君、島津斉彬の命で、ともに薩摩のために力をつくしてきた篤姫と西郷。この一文こそ、篤姫が伝えようとした核心でした。徳川家を救うことは、斉彬への恩返しをすることになる。忠誠心に厚い西郷にそううったえた

のです。西郷の心は動かされ、ついに江戸城総攻撃の中止が決定しました。

4月11日、江戸城は新政府軍に明けわたされます。いわゆる江戸無血開城です。徳川家については一介の大名に格下げされたものの、とりつぶしだけはまぬかれました。

篤姫は、江戸城を追われることになりますが、明けわたしの前日まで大奥にとどまり、職をうしなった女中たちの再就職や結婚の世話などに力をつくしたといわれます。その後、亡き夫、家定の母である本寿院や、数人の侍女をともなって江戸城を去りました。

篤姫は、縁故をたよって転々としながら、徳川家の幼い当主、家達の養育にあたります。暮らしむきは楽ではありませんでした。実家の島津家が援助しようと申しでますが、自分は徳川家の者なので無用だとことわったといいます。篤姫は、一度も故郷の薩摩に帰ることなく、徳川家のためにつくしつづけ、1883年にこの世を去りました。

終生消えることのなかった夫への愛

わずか1年半あまりの結婚生活でしたが、徳川家定への篤姫の愛は終生消えることはありませんでした。篤姫が家定をしのんでよんだとされる歌が残されています。

「立ち迷う　雲もそなたに吹き晴れて
　さやかに昇る　山の端の月」

これまで迷いや不安ばかりでしたが、今となってはすべてが吹きはらわれて、あなた様へのわたしの心は山の尾根に昇る月のようにかがやいています——。

みずからの意思とは別に、歴史の表舞台に立たされ、時代に翻弄されつづけた篤姫。その混乱のなかで得た、ただひとつのもの。それは、夫である家定との愛だったのかもしれません。

篤姫のよんだ歌（尚古集成館蔵）

漱石先生と妻と猫
～「吾輩は猫である」誕生秘話～

夏目漱石内坪井旧居(熊本市・内坪井町)。夏目漱石の記念館として公開されている。

Episode.1　正反対の夫と妻

　「吾輩は猫である」は、明治の文豪、夏目漱石のデビュー作です。猫の目をとおしてえがかれた家族の物語は、妻の鏡子との生活から生まれました。ある日、夏目家に1ぴきの野良猫がやってきて、こわれかけた夫婦の危機を救うことになります。文豪を生みだした妻と猫の物語を紹介します。

　1896年、ひとりの女性が東京から熊本へとつぎました。中根鏡子、19歳。父は政府の要職をつとめ、裕福な家庭で育ちました。期待と不安を胸にはじまった結婚生活でしたが、新婚早々、待ちうけていたのは、夫のこんな言葉でした。

　「おれは学者で、勉強しなければならない。だから、おまえになんか、かまっていられない。それは承知しておいてもらいたい」

　きまじめで偏屈な夫は夏目金之助、29歳。

夏目漱石と中根鏡子（日本近代文学館提供）

のちの漱石です。東京帝国大学を卒業したエリートで、当時、熊本の高等学校で英語教師をつとめていました。

　「ようござんす。わたしの父も相当本を読むほうですから、学者の勉強するくらいにはびくともしやしません」

　鏡子は、少々のことには動じない、おおらかな女性でした。そんなふたりの生活がはじまります。鏡子は、思ったことはなんでもあっけらかんと口にしてしまう性格でした。な

夏目漱石 (1867～1916年／江戸・明治・大正時代)
夏目鏡子 (1877～1963年／明治・大正時代、昭和)

■ プロフィール

夏目漱石は明治・大正期の小説家、英文学者。本名は金之助で、江戸（東京都）の出身。高等師範学校、中学・高校の英語教師をへて、英国留学後、東京帝国大学英文科の講師となる。小説に「吾輩は猫である」「三四郎」「それから」「門」「こころ」などがある。

夏目鏡子は夏目漱石の妻。広島県出身で、旧姓は中根。1896年に漱石と結婚。1928年、長女である筆子の夫、松岡譲の筆記による「漱石の思ひ出」を刊行。

夏目漱石（日本近代文学館提供）

夏目鏡子（日本近代文学館提供）

みはずれて朝が苦手で、朝寝坊をたしなめられたとき、漱石にこういいかえしたそうです。
「1、2時間、よけいに寝かせてくだされば、それで一日、いい気持ちで何かやります。だから、無理をして早くおきて、いやな気持ちでいるより、よっぽど経済（効率的）じゃありませんか」

それなりに新婚生活はまわりだし、まもなく鏡子は身ごもります。ところが、結婚した翌年の夏、漱石の実家をたずね、東京に滞在していたときに、鏡子は流産してしまいます。その後も体調が思わしくなく、鎌倉にいる知り合いの別荘で静養することになりました。漱石は、東京で用事をかたづけるかたわら、鏡子がいる鎌倉に何度も足を運びます。

まもなく、ふたりは熊本に帰りました。鏡子が安心して暮らせるように、その後、漱石はいっそう仕事にはげみます。毎晩おそくまで英語の勉強や授業の準備にうちこみますが、それがかえって鏡子を孤独に追いやってしまうことに、漱石は気づきませんでした。

鏡子は、ときおり幻を見るようになります。
「赤ん坊がきた。わたしの死んだ赤ん坊がきたから、いかなくちゃ……」

1898年5月、鏡子は、近くの川に身を投げます。さいわい、とおりかかった漁師に助けられ、命はとりとめました。

漱石は、それからしばらくのあいだ、鏡子が二度とはなれないように、おたがいの体をひもで結んで眠りについたといいます。これをきっかけに、鏡子は持ち前の明るさをとりもどしていきます。そして、翌年には、待ちに待った子どもが誕生しました。漱石32歳、鏡子22歳のときでした。

左は、東京帝国大学時代の夏目漱石（うしろの左から2人目が漱石／日本近代文学館提供）。右は、漱石が正岡子規にあてた手紙。東京滞在中に、鎌倉で静養する鏡子の身を案じてよんだ俳句が書かれている。
「京に二日また鎌倉の秋を憶ふ」

漱石先生と妻と猫 ～「吾輩は猫である」誕生秘話～

Episode.2 夫婦の危機　そのとき妻は…

　熊本時代にかたい絆で結ばれたふたりですが、まもなく漱石は、文部省からイギリス留学を命じられます。しかし、遠くはなれていても、ふたりの愛情はゆらぐことがなかったようです。ロンドンに到着した漱石は、東京の実家で暮らす鏡子へ手紙を送りつづけました。しかし、返事がなかなかこなかったため、不安がつのっていきました。

　漱石の手紙には、こんな文章が書かれていました。

　「はなはだ淋しい。お前は子供を産んだろう。子供もお前も大丈夫かな。少々そこが心配だから手紙のくるのを待っているが何とも云ってこない。おれの様な不人情なものでもしきりにお前が恋しい」

　そのころの鏡子は、ふたり目の子どもの出産と子育てに手一杯で、返事どころではありませんでした。やがて落ちついたのか、鏡子は漱石に返事をしたためます。そこには、ふだんは口にしない鏡子の深い愛情が記されていました。

　「わたしもあなたのことを恋しいと思いつづけていることは、まけないつもりです」

漱石が留学したイギリス。【イメージ画像】

　ところが、こんなに仲のよかったふたりに、大きな危機がおとずれます。

　漱石がロンドンにわたってから2年がすぎたころ、鏡子のもとに不可解な手紙がとどきました。

　「近頃は神経衰弱にて気分勝れずはなはだ困りおり候。何となく気分鬱陶しく書見（読書）もろくろく出来ず心外に候」

　それまでの手紙とは一転して、暗く重苦しい内容でした。鏡子はにわかに不安をおぼえました。

　1903年1月、漱石が帰国します。待ちわびていた夫の帰りです。しかし、漱石は、まるで別人のようにかわりはてていました。たとえば、ある夜、鏡子が物音に目をさますと、

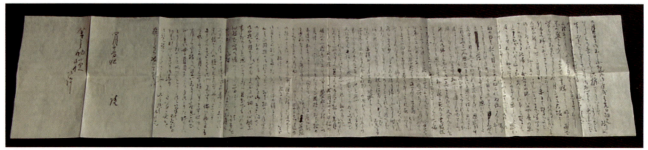
鏡子がロンドンにいる漱石にあてた手紙。

漱石がイギリスで購入した文学書（東北大学附属図書館所蔵）。

漱石が手当たりしだいにまわりのものを投げつけていたのです。いったい、夫の身に何がおきたのでしょうか──。

発端は、漱石のイギリス留学時代にさかのぼります。留学の目的はイギリス文学の研究でした。まずは、本場の小説や詩を読みあさりました。ところが、ぼう大な書物にうもれてすごすうちに、漱石の心に大きな疑問がわいてきました。

「なんのために書物を読むのか、自分でもその意味がわからなくなってきました」

やがて、人間にとって文学とは何かという、壮大な問いの迷宮に迷いこんでしまいます。こたえを見つけようと必死にもがくうち、逆に自身を苦しめ、追いつめられていきました。漱石は、真夜中にただひとり、明かりもつけずに泣いていたこともあったといいます。こうして、漱石の心はくずれていきました。

鏡子は、医師に相談し、漱石のようすをみてもらいました。医師はこういいました。

「一種の病気です。ああいう病気は、一生なおりきることはないでしょう。なおったと思っても、じつは一時的に鎮静しているだけで、あとで必ずまたでてきます」

このとき、鏡子は、はじめて漱石が病気にかかっていることを知りました。

「病気と決まってみれば、覚悟がついた。わたしがいなければ、あの人はどうなる。子どもたちをだれが守る。こうなったからには、わたしは一生、あの人のもとにいる」

漱石には自分しかいない。鏡子は腹をくくります。

突然、漱石は、子どもたちにむかって、大声で怒りだしたりすることもありましたが、鏡子は、そのたびに子どもたちに、だいじょうぶだと声をかけました。

鏡子が、
「なんであんなことをするのか」
と漱石に聞くと、漱石はこういうのです。
「おまえは、この家にいるのはいやなんだろ。おれをいらいらさせるために、わざとがんばってるんだろ」

すると、鏡子はこうこたえます。
「わたしはわるいことをしないのだから、追いだされる理由はありません。それに、子どもを残して、おめおめとでていくものですか」

鏡子は、どんなにひどいことをされてもたえ、子どもたちを守り、そして、必死に漱石の世話をつづけたのです。

熊本時代に暮らした最後の家「夏目漱石第6旧居」（熊本市・北千反畑町）。新築の家の2階を書斎として使っていたところがそのままの状態で保存されている。

Episode.3 幸せを呼んだ猫

ある日、漱石の家に猫がやってきて、一家にくわわった。
【イメージ画像／提供：博物館 明治村】

1904年初夏、漱石37歳、鏡子27歳のときのことです。1ぴきの野良猫が、どこからともなくやってきて、家にはいりこみました。

猫ぎらいの鏡子は、すぐに猫を外につまみだしました。しかし、猫はまた家にはいってきてしまいます。鏡子が何度つまみだしても、猫はこりずに侵入してきました。

そんなある朝、猫を見た漱石がいいました。
「この猫はどうしたんだい」
「なんだかわからないけど、何度追いだしても家のなかにはいってくるんです。だれかにたのんですててきてもらおうかと思って」
「そんなにはいってくるんなら、おいてやればいいじゃないか」

こうして猫が一家にくわわりました。とはいえ、猫がいると家は大混乱。飼うことにはしたものの、鏡子はあいかわらず猫を邪険にあつかっていました。

ところが、ある日、いつも家にくる按摩さんが鏡子にこんなことをいいました。

「この猫は、全身足の爪まで黒うございます。めずらしい福猫でございますよ。飼っておおきになると、きっと家が繁盛いたします」

幸せをよぶ福猫と聞くと、鏡子は、すっかりうれしくなり、猫のあつかいをあらためました。

猫はなぜか漱石になつきました。そして、漱石も気にいります。福猫のおかげか、漱石の機嫌がよくなっていきました。

まもなく、漱石は新しい仕事にとり組むことになります。それは小説の執筆です。きっかけは、知り合いの俳人、高浜虚子から雑誌にのせる文章を依頼されたことでした。漱石は、自分たち夫婦の生活を、猫の目をとおしてえがいたのです。

翌年の1月、小説「吾輩は猫である」の連載がはじまると、たちまち反響をよびます。秋には単行本を出版し、爆発的な売り上げを記録しました。これをきっかけに、漱石は「坊ちゃん」や「三四郎」など、つぎつぎと話題作を発表し、文豪への道を歩んでいきます。

「吾輩は猫である」を発表した3年後、1908

単行本「吾輩ハ猫デアル」の上編（神奈川近代文学館寄託）。

鏡子と漱石が暮らしていた家が博物館 明治村（愛知県犬山市）に移築され、保存されている。猫を飼うようになってから、家を改造したという。

夏目鏡子述・松岡譲筆録「漱石の思ひ出」（神奈川近代文学館所蔵）。

夏目鏡子と孫たち。

　年9月13日に猫は死にました。鏡子は、庭に猫の墓をつくり、月命日にあたる13日には、サケの切り身と好物のかつお節ご飯をそなえたといいます。

　その2年後の夏のことです。漱石は、滞在中の修善寺温泉で胃潰瘍が悪化して吐血。危篤におちいりました。鏡子は、その知らせをうけると、知り合いの占い師に祈祷をたのみます。そして、修善寺にかけつけました。すると、不思議なことに、漱石は、みるみる回復していったのです。

　じつは、占い師が祈祷しているさなか、黒い猫があらわれ、血を吐いて死んだというのです。鏡子は、それを聞いて、2年前に死んだはずのあの猫がふたたびあらわれ、漱石の身がわりになってくれたのだと信じました。

　不思議なことに、この病気を乗りこえてから、漱石が家族につらくあたることもなくなりました。子宝にもめぐまれ、6人の子が育ちます。以後、漱石と鏡子は、爪の黒い猫をさがしては、代々飼いつづけたといいます。

　1916年、漱石は胃の病が悪化し、49年の生涯をとじます。鏡子は、その後も猫を飼いつづけました。漱石が小説家になるきっかけをつくり、そして、やさしい漱石をとりもどしてくれた猫に、鏡子は、ずっと感謝していたのです。

　1928年、鏡子は、ふたりの結婚から漱石の死にいたるまでの歩みを、回想録にまとめます。そのなかには、漱石の乱暴なふるまいをふくめ、ありのままの事実が赤裸々につづられていました。しかし、その内容からは、つらさや苦しさはみじんも感じられません。すべてのできごとに、鏡子は、漱石の愛情を感じとっていたのです。

漱石と鏡子が暮らした家の跡地は漱石山房記念館と漱石公園（東京都新宿区）となっている。上は、記念館の建物と漱石の胸像。右は、猫の十三回忌のときに鏡子が建てた供養塔で、猫塚とよばれている。

漱石先生と妻と猫 〜「吾輩は猫である」誕生秘話〜

NHK「歴史秘話ヒストリア」制作スタッフ

制作統括	木道 壮司　川野 良太　大墻 敦　中根 健　田畑 壮一　飯田 真麻（プロデューサー） 河野 純基（プロデューサー）
ディレクター	伊藤 敏司 「古代日本 愛のチカラ　よみがえる 持統天皇の都」（2015年6月10日放送） 前橋 吾朗 「悪女の涙が日本を救った!?　～日野富子 足利将軍家の妻、母～」（2015年2月18日放送） 「幕府崩壊！ 嵐の中の愛　～幕末ヒロイン 天璋院・篤姫の真実～」（2013年6月12日放送） 川口 範晃 「それでも、私は前を向く　～おんな城主・井伊直虎 愛と悲劇のヒロイン～」（2014年5月28日放送） 高橋 奈央 「戦国女BOSSがゆく　～ツンデレ城主・誾千代＆戦う女たち～」（2012年6月13日放送） 平位 敦 「漱石先生と妻と猫　～『吾輩は猫である』誕生秘話～」（2015年7月1日放送）
協　力	NHKエデュケーショナル
デザイン	グラフィオ
ＣＧ制作	タニスタ
図版作成	中原武士
編集・DTP	ワン・ステップ

NHK新歴史秘話ヒストリア
歴史にかくされた知られざる物語

2 歴史を動かした女性

2018年1月 初版発行

NHK「歴史秘話ヒストリア」制作班／編

発行所	株式会社 金の星社 〒111-0056 東京都台東区小島 1-4-3 電話　03-3861-1861（代表） FAX　03-3861-1507 振替　00100-0-64678 ホームページ　http://www.kinnohoshi.co.jp
印　刷	株式会社 廣済堂
製　本	東京美術紙工

NDC210　40p.　29.5cm　ISBN978-4-323-06827-5

©NHK & ONESTEP inc., 2018
Published by KIN-NO-HOSHI SHA, Tokyo, Japan.

乱丁落丁本は、ご面倒ですが、小社販売部宛にご送付下さい。
送料小社負担にてお取替えいたします。

JCOPY　出版者著作権管理機構 委託出版物

本書の無断複写は著作権法上での例外を除き禁じられています。複写される場合は、そのつど事前に
出版者著作権管理機構（電話 03-3513-6969、FAX 03-3513-6979、e-mail: info@jcopy.or.jp）の許諾を得てください。
※本書を代行業者等の第三者に依頼してスキャンやデジタル化することは、たとえ個人や家庭内での利用でも著作権法違反です。

NHK新歴史秘話 ヒストリア
歴史にかくされた知られざる物語

全5巻
- シリーズNDC：210（日本史）
- A4変型判　40ページ
- 図書館用堅牢製本

NHK「歴史秘話ヒストリア」制作班：編

NHK番組「歴史秘話ヒストリア」から、教科書にも掲載されるような有名な歴史上の人物や事件、歴史的遺産をおもに取りあげて収録。知られざる歴史の秘話をたっぷりと紹介します。発見と感動の連続で、歴史が身近に感じられるシリーズ・第4弾！

❶ 乱世を生きた戦国武将
「今川義元」「織田信長／太田牛一」
「明智光秀」「服部半蔵」
「大谷吉継／福島正則／吉川広家」「豊臣秀頼」

❷ 歴史を動かした女性
「持統天皇」「日野富子」「井伊直虎」
「立花誾千代／妙林尼」「天璋院・篤姫」
「夏目漱石／夏目鏡子」

❸ かがやく日本文化
「前方後円墳」「天文学（天武天皇）」
「びわ湖（最澄／松尾芭蕉）」「鑑真」
「和食（道元／千利休）」「ザビエル」

❹ 太平洋戦争の記憶
「二・二六事件」「潜水空母 伊400」
「給糧艦 間宮」「東京ローズ」
「鈴木貫太郎」「外交官グルー」

❺ 日本がほこる世界遺産
「嚴島神社（平清盛）」「熊野（白河上皇）」
「金閣寺／銀閣寺」「富士山（足利義教）」
「姫路城（池田輝政）」「富岡製糸場」